LE PRÉSIDENT

BÉRENGER

(DE LA DROME.)

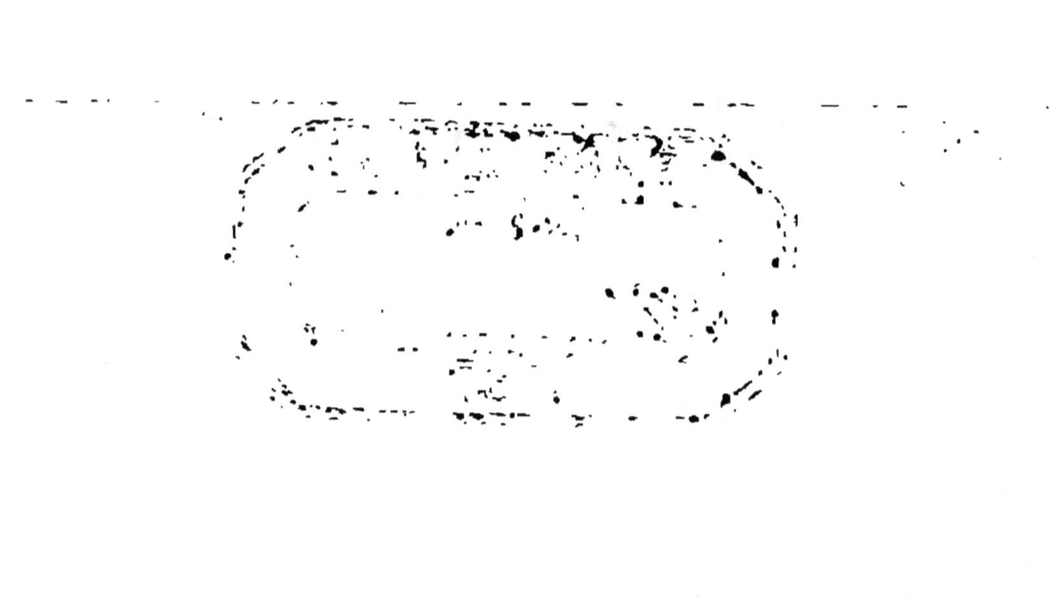

LE PRÉSIDENT

BÉRENGER

(DE LA DROME).

DISCOURS

PRONONCÉ

A L'OUVERTURE DES CONFÉRENCES DES AVOCATS STAGIAIRES

PAR

A. BENOIT

AVOCAT A LA COUR IMPÉRIALE DE GRENOBLE

GRENOBLE

IMPRIMERIE F. ALLIER PÈRE & FILS, GRANDE-RUE, 8.

1866

Monsieur le Batonnier,

Messieurs et chers Confrères,

Nous sommes habitués à chercher dans l'histoire et à méditer la vie des hommes qui se sont illustrés par le génie, la science et la vertu. C'est à ce pieux usage que nous consacrons cette première séance avant de commencer nos travaux.

Mais ne pouvons-nous emprunter ces exemples qu'à un passé reculé et à des gloires vieilles de plusieurs siècles? — Nous est-il interdit de les chercher plus près de nous, de les demander à des hommes qui ont achevé leur vie dans le temps où nous commencions la nôtre? Ces exemples n'auront-ils pas ainsi pour nous, une plus vivante autorité, une application plus directe aux nécessités nouvelles et aux conditions de la société où nous entrons?

Vous le croyez comme moi, Messieurs, et si je viens vous entretenir d'une grande intelligence éteinte il y a quelques mois à peine, vous raconter une vie dont vous avez été presque contemporains, vous ne trouverez pas cet éloge inutile ni prématuré; celui dont je veux essayer de rappeler l'esprit et les actes, a été tour à tour avocat, magistrat, législateur : partout il a paru animé d'un sincère amour de l'équité, partout il a porté la raison éclairée du jurisconsulte et du magistrat; et, s'il a touché aux plus ardentes questions qui aient agité notre temps, s'il a joué un rôle actif dans les plus graves événements de ce siècle, il a montré dans ces difficiles moments une sagesse si affranchie des pré-jugés et si supérieure aux passions, qu'il nous évite à nous-mêmes le péril qui s'attache ordinairement à des récits contemporains, et que nous pouvons parler de lui comme d'un ancien. C'était un des derniers survivants de cette race forte qui vit ou accomplit de grandes choses en France depuis quatre-vingts ans; chaque jour la tombe se referme sur l'un d'entre eux : à nous de recueillir leurs exemples et leur mémoire!

M. Alphonse-Marie-Marcellin-Thomas BÉRENGER naquit à Valence, le 31 mai 1785. Son père, qui avait exercé avec distinction la profession d'avocat, avait été nommé président au présidial de Valence; envoyé d'abord par ses concitoyens aux États de Romans, il fut élu plus tard à l'Assemblée constituante.

C'était un homme d'un jugement droit et sûr, sévère dans ses mœurs, fidèlement attaché aux devoirs de sa noble profession, plus difficile alors à cause de la pression qu'exerçaient sur les magistrats les autorités de la Convention ou celles du Directoire; il sut néanmoins toujours conserver l'indépendance de son caractère et ne céda jamais aux sollicitations ou aux ordres du pouvoir.

C'est auprès de ce magistrat si honnête et si intègre que M. Bérenger reçut sa première éducation; quand son père, absorbé par ses travaux, fut obligé de quitter Valence pour aller siéger à Paris, à côté de Mounier et de Barnave, il fut alors placé pendant quelques mois auprès des frères de la Doctrine chrétienne, et après l'expulsion des prêtres et des religieux, il reçut pendant un an des leçons de latin d'un abbé qui, pour se soustraire aux périls de la Révolution, avait accepté l'emploi de secrétaire de la mairie de Valence.

Mais à l'éducation du foyer et aux préceptes de ces premiers maîtres, se joignirent, pour nourrir l'intelli-

gence naissante et fortifier l'âme du futur magistrat,
les terribles enseignements de la Révolution française.

Il assista à la ruine de l'ancienne société et au dou-
loureux enfantement de celle qui allait lui succéder.
C'est là un spectacle qui ne s'oublie guère et une leçon
qui profite à toute la vie !

Une circonstance surtout dut frapper sa jeunesse :
son père, après l'organisation judiciaire de 1791, fut
nommé président du Tribunal criminel de Valence;
après la Constitution de l'an III, il fut élu par le peuple
et continua à remplir ces fonctions. Le Directoire sen-
tant que ce mode d'élection lui ôtait toute influence sur
la direction de la justice, voulait se faire réserver la
nomination des présidents de Tribunaux criminels; dans
ce but, il s'efforça de montrer les prétendus inconvénients auxquels donnait lieu l'élection des magistrats :
l'indépendance du président de Valence le désignait
tout naturellement aux persécutions du Directoire; il
fut cité comme ayant abusé de ses pouvoirs; il partit
aussitôt pour Paris, et après avoir exposé sa conduite
avec l'énergique conviction d'une conscience sans re-
proche, il réussit à triompher de cette accusation.

M. Bérenger garda le souvenir de ces attaques, et il
y puisa cette impatience de l'injustice, cette haine de
l'arbitraire dont nous le verrons bientôt montrer les
généreux effets.

En l'an x, son père ayant été nommé juge au Tribunal d'appel de Grenoble, il l'accompagna dans cette ville; il y suivit pendant deux ans les cours de l'école centrale où l'on enseignait alors toutes les matières de droit. M. Bérenger aimait à raconter que bien qu'il eût assisté à tous les cours et rédigé jour par jour les leçons qu'il avait entendues, il fut hors d'état de répondre aux questions de l'examen final; il fallut que son professeur, M. Berriat-Saint-Prix, attestât qu'il était son meilleur élève, pour qu'on se décidât à lui donner les diplômes ordinaires.

C'est alors qu'arrivé aux termes de ces études préliminaires, il comprit qu'il importait de compléter une instruction aussi imparfaite par les plus sérieuses études. Il se fit un plan de travail, et pour donner à ses efforts une direction qui en soutînt la durée, il imagina de se proposer pour but la traduction des Novelles de Justinien, traduction que personne n'avait encore tentée.

Il devait ainsi se perfectionner à la fois dans l'étude de la langue latine et dans celle des lois romaines, qui étaient encore à cette époque, dans le Dauphiné, pays de droit écrit, la règle presque unique des avocats et des magistrats.

Bientôt les obscurités nombreuses du texte latin lui firent sentir la nécessité de recourir à la version primitive, il acheta une grammaire grecque, et seul, sans leçons, sans conseils, il parvint, par la seule persévérance de son travail, à comprendre assez le grec pour être en état de contrôler la fidélité de la traduction latine.

Une semblable étude exigeait comme auxiliaire celle de l'histoire et de la législation romaines. Grâce à ce travail, il put accompagner chaque novelle d'un commentaire historique et juridique ; quand la traduction et le commentaire furent terminés, il avait vingt-un ans.

C'est ainsi qu'il débutait dans la carrière, à un âge où d'ordinaire les hommes, à peine sortis des bancs de l'école, ne peuvent encore entreprendre ces grands travaux qui exigent une patience et une méditation incompatibles avec l'inconstance ou les passions de la jeunesse.

L'apparition de cette œuvre immense, hérissée de difficultés, produisit une grande sensation au palais et dans le monde des savants : l'illustre Merlin écrivit à M. Bérenger une lettre d'éloges qu'il rendit publique, et lui offrit un exemplaire de ses savantes *Questions de droit*.

Ses études, les traditions de sa famille le portaient à embrasser la carrière du barreau. Mais que d'obstacles, surtout à l'époque où il allait débuter, eussent pu décourager un esprit moins solide et moins résolu ? Les anciennes difficultés des lois romaines et des coutumes s'étaient accrues de toutes les contradictions du droit intermédiaire ; en même temps, l'éloquence de Mounier et de Barnave, les savantes consultations de d'Orbanne, la réputation que ces hommes éminents avaient laissée, entouraient le barreau de Grenoble d'une juste célébrité. — N'y avait-il pas quelque péril à lutter contre les souvenirs récents de ces grandes renommées?

Vous tous, mes jeunes Confrères, qui venez, comme lui, tenter la fortune au milieu d'hommes dont le talent est éprouvé et la réputation assise, vous savez quelles sont les incertitudes des premiers pas et les mécomptes des premiers débuts, M. Bérenger ne connut pas ces défaillances! Ni les labeurs de la profession, ni la crainte de comparaisons redoutables ne détournèrent sa vocation.

Certes, il devait marquer sa place au-dessus des autres, celui qui joignait à tant de facultés développées par une éducation forte, le sentiment si élevé de ses devoirs d'avocat.

Il fut désigné le 14 fructidor an XII par ses confrères, pour prononcer, au nom de l'ordre, devant la Cour d'appel, ce que l'on appelait alors le discours de clôture. Cet usage, aujourd'hui oublié, associait le barreau à la haute mission de la magistrature, en appelant de jeunes talents à traiter dans ces jours solennels les matières qui touchaient à la justice.

M. Bérenger choisit pour sujet de son discours : les Devoirs de l'avocat. — Ce sujet n'était ni sans utilité ni sans application aux circonstances. En effet, cette cérémonie avait été suspendue pendant de trop nombreuses années : l'ordre des avocats supprimé par un décret de l'Assemblée constituante, venait d'être rétabli par une loi de ventôse an XII, avec ses anciennes règles et son ancienne organisation; mais durant le temps intermédiaire, lorsque le titre d'avocat était lui-même proscrit, *les hommes de loi et les défenseurs officieux*, affranchis de tout contrôle, avaient envahi le palais, les maximes et les traditions de notre ordre avaient été foulées aux pieds, malgré la résistance des anciens avocats qui avaient survécu à la tempête.

Le jeune orateur rappelait les beaux jours du barreau, les talents et les vertus qui l'avaient honoré, les institutions desquelles il tenait son éclat, l'indépendance qui en était l'âme, enfin toutes ces nobles traditions, qui, malgré le temps et les révolutions, n'avaient ni vieilli, ni fléchi.

L'intelligence de M. Bérenger le rendait plus propre à généraliser ses idées et à envisager les questions de haut, qu'à s'asservir à la nécessité de les traiter sous le point de vue plus restreint de l'intérêt privé. Il était donc admirablement préparé aux fonctions du ministère public où les considérations d'intérêt général, dominant constamment toutes les autres, aissent à l'esprit toute sa liberté d'action.

Aussi, nommé bientôt juge auditeur à la Cour d'appel de Grenoble, il fut, en 1811, sur la présentation des magistrats eux-mêmes, élevé aux fonctions d'avocat général, bien qu'il n'eût que vingt-cinq ans.

On n'est pas embarrassé, en France, quand on veut tracer le portrait du magistrat, et les imposantes figures que nous présente le Parlement de Grenoble y fourniraient plus d'un trait; mais ces fiers personnages dépasseraient la mesure de notre temps, car les luttes politiques où ils ont puisé leur grandeur ont cessé pour les Parlements.

M. Bérenger nous offre une figure plus humaine; d'une éloquence tantôt sévère, tantôt douce et entraînante mais toujours inspirée par l'amour du bien et de la justice, il aimait à montrer dans son ministère la modération unie à la fermeté ; tout en lui appelait la confiance et faisait naître le respect ; jamais il ne chercha à provoquer l'attention ou les faveurs du pouvoir par un zèle exagéré, son ambition, trop noblement placée, répugnait à ces pratiques indignes de son talent.

Mais l'éclat même de ce talent attira les regards de

ses concitoyens et l'appela bientôt à prendre part aux affaires publiques.

C'était le moment où Napoléon revenait de l'île d'Elbe ; l'exilé rentrait en triomphe dans sa capitale, tandis que, fuyant par la porte opposée, l'autre royauté se hâtait vers un second et plus humiliant exil. Le destin semblait avoir changé ; on put croire un instant que, fortifié par ses malheurs ou éclairé par ses fautes, Napoléon allait ressaisir et garder ce pouvoir qu'il avait perdu. Mais cet espoir fut bientôt déçu ! L'empereur devait glisser de son trône un moment relevé ; dans ce palais préparé pour son fils, il allait voir s'installer des princes étrangers, et le destin lui réservait pour dernière patrie, un rocher perdu au milieu des mers :

Après le retour de Waterloo, les événements se précipitent : Napoléon abdique en faveur du roi de Rome. — Un gouvernement provisoire est nommé par les deux chambres, Fouché en est le chef. — Le champ s'ouvre à toutes les ambitions, à tous les regrets, et il est facile de prévoir dès lors que les députés, oubliant la Constitution jurée par eux quatorze jours auparavant, vont se précipiter au devant du nouveau souverain.

M. Bérenger, élu député par la ville de Valence, put assister à ce spectacle : c'était la première fois qu'il se mêlait à la vie publique, aucun antécédent politique ne le rattachait directement au gouvernement menacé ;

mais il avait déjà vu et réfléchi ; il avait appris d'un passé tout vivant encore que le vrai civisme est dans le devoir, le vrai courage dans la fidélité !

Ce fut sur ces principes qu'il régla sa conduite pendant ces jours où les esprits hésitants ne savaient à qui porter leur hommage et regrettaient le soir leurs opinions du matin.

Dans la séance du 23, M. Bérenger qui prévoyait la trahison de Fouché, demanda que les membres du gouvernement provisoire fussent déclarés collectivement responsables et qu'on exigeât d'eux le serment d'obéissance aux lois et de fidélité à la nation : son but était d'enlever à cette commission la prérogative de l'inviolabilité.

Au milieu des incertitudes de la Chambre, il fit le premier entendre sa voix en faveur du prince impérial, dont on avait jusque-là évité de prononcer le nom : son intention était surtout de protester contre le retour imminent des Bourbons et d'obtenir la promesse d'une énergique résistance à l'étranger.

Il combattit également la rédaction d'un projet d'adresse au peuple français présenté par Manuel et réclama que l'avénement de Napoléon II y fût formellement reconnu ; son discours se terminait ainsi :

« Disons franchement aux Anglais : nous ne voulons
» pas du roi et de la famille que vous nous ramenez à

» la suite de vos armées ! Nous voulons Napoléon II.
» Proposons à ces fiers étrangers deux bases de négo-
» ciations, sans lesquelles aucun traité ne sera con-
» clu. Première base : proscription des Bourbons;
» seconde base : la couronne sur la tête de Napo-
» léon II ! »

Ces paroles arrachèrent l'assentiment de la majorité : l'adresse fut renvoyée à la commission dont Manuel était l'organe, et le lendemain elle fut présentée à la Chambre avec la mention réclamée par M. Bérenger.

Mais tous ces efforts ne devaient pas aboutir, et le 8 juillet, jour de l'entrée de Louis XVIII à Paris, il ne restait plus à M. Bérenger qu'à signer la protestation Lanjuinais.

La dissolution de la Chambre fut prononcée quelques jours après, mais dans cette Chambre éphémère, M. Bérenger avait déjà pu montrer sa courageuse indépendance et les tendances libérales de son esprit.

Il se démit de ses fonctions d'avocat général, donnant par là un de ces grands exemples de vertu politique que notre temps a trop rarement l'occasion d'admirer.

Il revint alors vers le barreau, ce refuge de toutes les indépendances; mais à cette époque tout sentiment qui se manifestait librement devenait une conspiration contre l'État; une liste de proscription fut dressée dans laquelle son nom se trouvait compris; il resta cependant à Grenoble, et, grâce à l'énergique sagesse de son attitude, il réussit à se faire rendre justice. Il fut, toutefois, mis sous la surveillance de la police par le commissaire de l'Isère, et fut ainsi une des premières victimes d'une loi de sûreté générale qu'il avait éloquemment attaquée à la Chambre pendant les Cent Jours, mais dont il n'avait pu adoucir les rigueurs.

A partir de cette époque, M. Bérenger se livra à l'étude approfondie de nos lois criminelles, cherchant à en pénétrer l'esprit, à en découvrir et à en corriger les imperfections.

L'ouvrage qu'il publia à la suite de ces études le plaça au premier rang des jurisconsultes et des publicistes, et attira sur lui l'attention de tous ceux qui, en France, avaient quelque souci du respect de nos lois et du progrès de notre législation, je veux parler de son livre : *De la justice criminelle en France.*

Ce livre était non-seulement une œuvre de profonde philosophie, mais encore un acte de courage : il n'ignorait pas qu'en présence des lois d'exception qui régissaient alors notre pays et auxquelles on avait donné tant d'extension, il était périlleux pour lui de traiter des matières aussi délicates; mais fort de l'honnêteté et de l'utilité de ses vues, il ne craignit pas de courir ce danger.

Le but de cet ouvrage était de signaler les inconvénients que l'immixtion adultère de la politique avait introduits dans l'administration de la justice criminelle et dans l'application de nos lois pénales.

Nul publiciste n'établit avec plus de force l'étroite relation qui existe entre les formes des jugements criminels et celles des gouvernements ; il éleva au-dessus de toute critique cette idée qu'une procédure criminelle équitable et protectrice est une condition et une conséquence de la liberté.

Dans la première partie de son œuvre, l'auteur étudie l'application de la justice d'après les lois permanentes ; il demande l'établissement du jury tant en matière criminelle qu'en matière correctionnelle ; le jury étant à ses yeux la garantie de toutes les libertés ; la toge, dit-il, n'est pas un talisman, et le juge, pour en être couvert, n'oublie pas toujours qu'il est homme.

Il propose, pour assurer l'indépendance de la magistrature, de confier la présentation des candidats aux places vacantes, au corps entier, et non plus seulement aux chefs de ces corps.

Dans la procédure, il réclame en faveur des prévenus les garanties nécessaires et proclame cette maxime si salutaire et si conforme à la raison qu'avant le jugement les mesures prises envers un prévenu ne doivent être que *salvâ custodiâ*, et que toute rigueur exercée jusque-là sans motif est une atteinte à la liberté, et une violation du droit naturel; maxime qui tend chaque jour à s'introduire dans notre législation et dont la mise en liberté provisoire n'est qu'une des applications les plus utiles et les plus urgentes.

Mais c'est surtout dans l'étude des lois et des tribunaux d'exception que la raison de l'auteur se soulève et que son cœur s'indigne!

C'est en effet un triste tableau que celui des premières années de la Restauration : elle aussi veut avoir sa terreur; les lois protectrices de la liberté individuelle sont violées, l'action des tribunaux ordinaires suspendue, des cours prévôtales, des commissions militaires remplacent la justice calme et paisible, et l'on avait entendu, dans l'un des premiers siéges du royaume, un prévôt, dédaignant le serment prescrit par la loi, se borner à jurer sur son épée qu'il obéirait à tous les commandements du roi.

Notre ville, plus que les autres, connut les excès de cette tyrannie judiciaire et de cette inquisition légale... Un voile couvre ces tristes souvenirs... je ne le soulèverai pas!

Mais il est une morale publique, des règles que l'on ne méconnaît jamais sans danger, et auxquelles tous les gouvernements se font un devoir de rendre hommage. L'antiquité est fertile en exemples de ce genre, et, pour n'en citer qu'un seul, lorsque le consul romain eût cru ne pouvoir déjouer autrement les entreprises de Catilina, qu'en excédant les bornes du *Caveant consules*, le Sénat, tout en le remerciant de ce qu'il avait sauvé la patrie, le censura publiquement pour avoir violé les lois.

La renommée rapide qui entoura le nom de M. Bérenger dès l'apparition de son livre, l'attira à Paris, où il se lia promptement avec les chefs du mouvement progressif : Lafayette, Dupont-de-l'Eure, Courrier, — dont les publications ou les discours provoquaient à ce moment même, dans l'opinion, un réveil libéral. S'associant à ces hommes illustres, M. Bérenger ouvrit à l'Athénée, et professa plusieurs années de suite, un cours public de droit naturel.

Ces courageux efforts attachèrent à son nom une popularité dont il ne recueillit pas immédiatement les fruits.

La mort de sa mère le rappela à Valence; il y reprit pour quelques années la robe d'avocat, il plaida peu, et se contenta de répondre aux nombreuses consultations que lui attirait un nom déjà célèbre.

Ce n'est qu'en 1828 qu'il rentra dans la vie politique; l'arrondissement de Valence l'envoya à la Chambre des députés; membre influent de l'opposition constitutionnelle, il marqua sa place à côté de Manuel et de

Benjamin Constant ; s'il ne prit pas alors une part bien active aux discussions purement politiques, c'est que son génie éminemment pratique se plaisait davantage dans les questions où il pouvait utiliser, au profit de son pays, ses profondes études de jurisconsulte.

La Révolution de 1830 fut l'occasion d'un terrible drame judiciaire qui fournit à **M.** Bérenger l'épisode le plus brillant peut-être et le plus honorable de sa carrière.

On sait quels événements avaient amené cette Révolution ; quelle situation violente et désespérée la monarchie de **1815** s'était créée en France, et quel antagonisme sans issue existait entre la royauté et le Parlement.

Le 2 mars, Charles X adressait à la Chambre nouvellement convoquée, ces paroles solennelles :

« Je ne doute point de votre concours pour opérer
» le bien que je veux faire. Vous repousserez avec
» mépris les perfides insinuations que la malveillance
» cherche à propager. Si de coupables manœuvres
» suscitaient à mon pouvoir des obstacles que je ne
» dois pas, que je ne veux pas prévoir, je trouverais la
» force de les surmonter dans ma résolution de main-
» tenir la paix publique, dans la juste confiance des
» Français et dans l'amour qu'ils ont montré pour leur
» roi. »

Et l'Assemblée répondait dans une adresse signée par 221 de ses membres, au nombre desquels se trouvait M. Bérenger :

« La Charte a fait du concours permanent des vues
» politiques de votre gouvernement avec les vœux de
» votre peuple, la condition indispensable de la marche
» régulière des affaires publiques. Sire, notre loyauté,
» notre dévouement, nous condamnent à vous dire
» que ce concours n'existe pas. »

Elle fut d'abord prorogée, puis dissoute, et les colléges furent convoqués pour de nouvelles élections; le ministère comptait, pour s'assurer une majorité devenue nécessaire, sur l'éclat d'un grand triomphe militaire : Alger appartenait à la France!

Son espoir fut trompé! l'honneur national venait de s'élever, la rente baissa et les électeurs nommèrent une Chambre plus opposée que la précédente au ministère; mais forcés par la volonté royale, les ministres voulurent se maintenir contre la volonté du pays : c'est alors que parurent les fameuses ordonnances qui devaient être comme le testament politique de la Restauration.

Elles prononçaient la dissolution de la Chambre avant qu'elle eût été réunie, attribuant par là à la royauté le droit de casser les opérations électorales; une autre, annulant les lois d'élections, leur substituait un système contraire; enfin, comme toutes ces mesures auraient été sans effet si la presse périodique eût pu les discuter, une dernière ordonnance révoquait les lois qui en consacraient la liberté.

Vous n'ignorez pas ce qu'il advint, et bientôt une royauté nouvelle commençait pour la France.

C'est à ce moment que M. Salverte proposa à la Chambre de mettre en accusation comme coupables du crime de haute trahison, les ministres de Charles X qui avaient contresigné les ordonnances.

Une commission de trois membres fut nommée pour examiner cette proposition, M. Bérenger en était le président et le rapporteur; la Chambre en même temps donna à ses commissaires tous les pouvoirs appartenant d'ordinaire aux juges d'instruction et aux Chambres du conseil.

Ce procès, qui ne laissait alors personne indifférent en France, était diversement apprécié.

D'un autre côté, les discours les plus menaçants circulaient dans le peuple; il se demandait si pour ces hommes dont la complaisance ou l'orgueil avait confisqué la liberté, provoqué la guerre civile, et fait couler tant de sang généreux à la France, la loi perdrait tout à coup sa rigueur; les esprits fermentaient, et des bandes parcouraient Paris en criant : Mort aux ministres !

D'autre part, le roi qui avait hâte de se faire accepter par l'Europe comme un roi constitutionnel, et non comme le représentant d'une révolte heureuse, ne voulait pas donner à la Révolution un gage aussi sanglant et désirait sauver les ministres.

La majorité de la Chambre partageait son avis.

La commission d'accusation se composait de MM. Bérenger, Mauguin et Madier-de-Montjau. Ils apportaient dans l'exercice de leurs nouvelles fonctions des qualités diverses : MM. Bérenger et Madier beaucoup de sang froid et d'impartialité; M. Mauguin, au contraire, qui, sous les dehors aimables de l'homme du monde, cachait les ardeurs et l'inflexibilité d'un tribun, voulait la mort des ministres.

C'est dans de telles circonstances que fut prononcé le rapport de M. Bérenger, qui était empreint de la plus grande modération et révélait un impartial examen des faits; en accusant des hommes qu'une si entière défaite avait renversés du pouvoir, M. Bérenger ne pouvait s'empêcher d'éprouver quelque compassion pour leur désastre; mais ce sentiment ne devait pas l'arrêter dans l'exécution d'un devoir sacré : justice et non vengeance; telle était la conclusion de ce remarquable rapport.

Une discussion s'éleva dans laquelle M. Berryer soutint, avec cette brûlante et généreuse éloquence qui n'a pas encore faibli, les ministres déchus; mais la Chambre, adoptant les conclusions du rapport, mit les ministres en accusation, les traduisit devant la Chambre des pairs et nomma pour soutenir l'accusation, MM. Persil et Bérenger.

Le procès commença dans la séance du 15 décembre.

Ce fut un de ces émouvants spectacles qu'on ne peut pas décrire, parce que l'effet en est moins encore dans l'apparence extérieure, que dans les sentiments qu'ils éveillent au fond de l'âme humaine.

Dans cette salle, pleine de souvenirs à la fois glorieux et tristes, où quinze ans plus tôt, Michel Ney avait été condamné à mort, la Chambre des pairs était réunie sous la présidence du chancelier de France.

Dans les tribunes, les premiers dignitaires de l'État, les plus hauts personnages des cours étrangères, les orateurs les plus marquants de la Chambre des députés, enfin tous les représentants de la presse recueillant, pour les jeter à la foule avide, les moindres incidents de ces séances pleines d'émotions.

Sur le banc des accusés, quatre hommes de grand talent ou de grande naissance, hier favoris d'un roi et ministres tout-puissants, placés aujourd'hui sous la prévention d'un de ces crimes dont la grandeur vague n'a d'égale que la peine qui les attend.

Aux portes du palais, la force armée résistant à peine aux assauts d'une multitude bruyante; en un mot, l'appareil de la justice se dressant au-dessus des menaces de la Révolution, au milieu d'une capitale immense, agitée d'une sombre attente, tourmentée de mouvements séditieux et l'on peut dire aussi sous les yeux du monde entier, qui assistait en silence à ce spectacle et se demandait si la France allait recommencer le drame de 93.

Telle fut la scène au milieu de laquelle M. le procureur général Persil prononça un réquisitoire d'une violence extrême; il fut amer, agressif, implacable.

« On vous dira, s'écriait-il, que la magnanimité de
» notre Révolution commande un généreux pardon,
» qu'il faut imiter les vainqueurs de Juillet, et tendre
» comme eux la main aux hommes abattus; vous ré-
» pondrez, Messieurs, à la demande de la France en
» deuil, à la plainte des citoyens, à l'accusation de leurs
» députés, par une condamnation éclatante, égale à
» l'énormité du fait. »

Ce fut alors que M. de Martignac prit la parole pour la défense de M. de Polignac, son client; ce dernier l'avait appelé, en face d'une Révolution triomphante, à étendre la protection de sa parole sur l'adversaire politique qui l'avait renversé; l'avocat avait accepté ce mandat du malheur; dans sa plaidoirie remplie d'une éloquence persuasive et douce, il s'attacha à démontrer que la Révolution elle-même, en s'attaquant à Charles X comme à l'unique et véritable auteur des ordonnances, avait déchargé les ministres de toute responsabilité.

« Tout n'est-il pas consommé? disait-il; la dynastie
» n'est-elle pas tombée avec le trône? Les vastes mers,
» et les événements plus vastes encore que les mers,
» ne les séparent-ils pas de vous? Quel besoin peut
» avoir la France de la mort d'un homme qui s'offrirait
» à elle comme l'instrument brisé d'une puissance qui
» n'est plus! »

Le lendemain, M. de Peyronnet demanda la parole : c'était un beau caractère; les ordonnances avaient été préparées en dehors de lui, dans un comité que dirigeait M. de Polignac et qui entourait le roi ; quand celui-ci présenta les ordonnances à M. de Peyronnet : « Sire, — répondit-il, — vous voulez ma tête, vous savez » qu'elle vous appartient » et il signa; mais il ne voulut pas se justifier en rejetant sur Charles X la responsabilité de tous les désastres, et les paroles qui sortirent de sa bouche furent comme un dernier témoignage de fidélité envers son maître exilé.

Ce discours rendait presque superflu la plaidoirie de son avocat, M. Hennequin; l'auditoire, d'ailleurs, était impatient d'entendre le défenseur de M. de Chantelauze, M. Sauzet, jeune avocat du barreau de Lyon, qu'avait précédé à Paris sa précoce réputation.

M. de Chantelauze avait été enlevé, quelques jours

avant la Révolution de Juillet, à la Cour de Grenoble qu'il présidait, pour entrer dans le ministère ; poussé par la fatalité, de sa vie paisible au faîte des honneurs, il avait vu la même époque contemporaine de sa grandeur et de sa chute.

M. Sauzet aborda hardiment la question politique pour y puiser ses moyens de défense. Il montra avec une chaleur et une logique qui remuèrent l'auditoire, la suite des événements, qui, depuis 1815, avait aggravé sans cesse le conflit du parti libéral avec la Cour, et n'avait finalement laissé à la dynastie d'autre moyen de salut qu'une mesure violente et extraordinaire. C'est ainsi que la force des choses et le progrès même de l'opinion contraire avaient nécessairement amené les ministres à risquer et à perdre cette dernière et décisive bataille.

« J'écoute encore et il faut que je parle, » s'écria M. Crémieux, qui prenait la parole après cette émouvante plaidoirie. Malgré la divergence des opinions, il défendait M. de Guernon-Ranville. Après avoir justifié son client et montré par l'examen de toute sa vie que cette fatale signature n'était qu'une erreur passagère de son esprit ou une concession de son cœur, l'orateur, se laissant entraîner par son éloquence, terminait par une touchante et poétique péroraison :

« Nous voici loin, bien loin dans la postérité ! Un

» étranger parcourt les lieux où fut Paris, porté par
» cette curiosité studieuse qui nous fait visiter encore
» les ruines d'Athènes, de Sparte et de Rome... Une
» colonne frappe ses regards : c'est celle de la liberté!
» — Il est conduit au Panthéon, on lui montre les
» noms de Manuel, de Foy, de Benjamin Constant,
» les grandes illustrations de notre époque; l'étranger
» admire, mais son guide lui dit avec tristesse : Cette
» liberté nous a coûté bien des pleurs! »

Tout-à-coup, la voix de l'orateur faiblit, il chancelle et on l'emporte évanoui.

A ce moment, M. Bérenger se lève : La foule inonde les abords du palais et pousse des clameurs terribles; M. Bérenger sait rester calme, et malgré le prodigieux éclat répandu sur la défense par le talent de ses orateurs, il sait captiver un auditoire inquiété par le tumulte de la foule.

Un acquittement était impossible, les ministres le sentaient eux-mêmes, s'il avait eu lieu, leur vie et celle de bien d'autres n'eussent pas été en sûreté; mais, d'un autre côté, une condamnation à mort aurait eu de si graves conséquences, qu'au point de vue de la politique comme à celui de l'humanité, il fallait l'empêcher à tout prix; tel était le sentiment de l'orateur.

Dans le partage des devoirs, que les commissaires de

la Chambre des députés étaient appelés à remplir auprès des pairs, on avait réservé à M. Bérenger la discussion des questions générales, politiques et préjudicielles soulevées par la défense.

Il répliqua avec force et précision, et sans s'occuper des preuves matérielles ni des personnes, il réfuta les considérations si élevées dont la défense s'était appuyée; son discours fut digne de la modération qu'il avait déployée dans l'instruction, et répondant au dogme de la fatalité politique proclamée par M. Sauzet :

« Oui, Messieurs, s'écria-t-il, il est malheureuse-
» ment des temps où la majesté des lois a besoin d'être
» violée, temps de deuil que tout homme libre déplore
» et qui exige des mesures violentes, nécessaires
» souvent au salut des États ; mais,........ était-ce
» le fer à la main ; était-ce par la révolte que l'opposi-
» tion annonçait vouloir défendre sa liberté?.....
» Non, c'était par les lois ! »

Ainsi tombait le seul argument politique de la défense qui eût paru faire impression sur l'esprit des juges.

Le lendemain, les défenseurs répliquèrent à leur tour ; — mais la foule s'impatiente, des feux s'allument dans les rues et sur les places ; les pairs réunis délibèrent, il faut que l'arrêt soit prononcé dans la soirée. Enfin le verdict est rendu : il condamne les ministres à la prison perpétuelle ; mais il reste à faire connaître la sentence au peuple agité qui remplit les tribunes, envahit les cours du palais, murmure et se presse dans les rues environnantes. Il est dix heures du soir : à la faveur de la nuit, on fait monter les ministres dans une voiture fermée qui les emporte vers Vincennes ; les pairs se dérobent ; c'est à peine si quelques-uns d'entre eux entourent le chancelier qui reparaît dans la salle des séances pour donner lecture de l'arrêt. Il est prononcé au milieu des ténèbres, accueilli silencieusement, transmis à la foule haletante et salué bientôt par un affreux tumulte. C'est à ce moment que les accusateurs sortent du palais pour gagner leur voiture. On les entoure, on les menace, des gardes nationaux en armes viennent jusque sur le marche-pied jeter de sanglants reproches à la face des députés qui n'ont pas su ou qui n'ont pas voulu obtenir la mort des ministres. M. Bérenger se présente au peuple, lui adresse d'énergiques et courageuses paroles, somme les gardes nationaux de faire respecter l'ordre public et la majesté de la justice. — La foule se calma : n'était-ce pas, dans ces jours de troubles, un rare exemple de courage civil, plus méritoire que l'éloquence elle-même ?

Tel fut ce procès, Messieurs, inouï peut-être dans

notre siècle : M. Bérenger y avait joué un rôle décisif, si la peine de mort ne fut pas prononcée, c'est à sa modération que les ministres le durent ; combien de fois, lors de l'instruction, ne leur fit-il pas rectifier des réponses compromettantes ; et dans le sein de la commission, quelle lutte n'eut-il pas à soutenir contre deux de ses membres qui lui faisaient un crime de sa modération. Il sut résister à l'entraînement populaire ; il savait que ce n'est pas en flattant la multitude qu'on la sert ; qu'on ne peut légitimer l'exagération par le patriotisme et sacrifier à des considérations qui n'ont qu'un temps, les principes éternels sur lesquels la société repose.

Une circonstance, d'ailleurs, n'avait pas été sans influence sur l'arrêt rendu par la Chambre des pairs. Pendant le cours du procès, une voix généreuse s'était fait entendre au sein du Corps législatif : M. de Tracy avait proposé l'abolition de la peine de mort, et le même député qui avait reçu la pénible mission de faire le rapport sur l'accusation des ministres, fut, par une sorte de compensation, chargé du rappport sur la proposition nouvelle.

Cette question n'avait pas encore été, comme elle l'est aujourd'hui, l'objet des préoccupations assidues des publicistes. A l'origine de notre Révolution, lorsque toutes les idées généreuses trouvaient de vastes esprits pour les développer, le comité de législation à l'Assemblée constituante avait proposé l'abolition de la peine capitale, et les orateurs les plus éclairés, Duport, Tronchet, Larochefoucauld avaient réclamé cette abolition avec toute la puissance de leur talent.

Les législateurs de l'an IV convinrent aussi de l'abolir, mais il fut déclaré qu'elle ne serait supprimée qu'à la paix, restriction qui ne permit jamais à la France de jouir des bienfaits de cette abolition.

Depuis lors, quelques protestations s'étaient élevées, mais jamais cette redoutable question n'avait été traitée avec plus d'autorité et d'éclat que par M. Bérenger; dans un rapport qui peut être considéré comme un modèle de discussion juridique et philosophique, il demandait l'abolition de la peine de mort en matière ordinaire et surtout en matière politique.

Mais cette proposition était inattendue : tout se lie, tout s'enchaîne dans la législation d'un peuple éclairé; l'abolition d'une des dispositions de la loi doit toujours entraîner une modification dans l'ensemble du système.

La commission ne pouvait remanier l'ensemble de nos lois pénales ; et la Chambre se borna à exprimer son opinion sur la proposition en elle-même, sur son opportunité, sur l'application immédiate que son principe une fois admis serait susceptible de recevoir, et émit le vœu que le gouvernement s'occupât de l'introduire dans notre législation.

Cet appel avait été entendu par le roi Louis-Philippe : il avait, dit-on, horreur de la peine de mort, et il désirait qu'elle fût rayée de nos Codes. On raconte que quelques jours après les massacres de septembre, le fils de Philippe Égalité exprimait devant Danton l'indignation que lui inspiraient ces tristes journées : « Jeune » homme, lui dit Danton, vous êtes bien imprudent, » sachez, qu'en politique, lorsqu'on a des ennemis, » il faut les exterminer jusqu'au dernier, si on ne veut » succomber soi-même ! »

De cette conversation, et de la vue des échafauds dont la France était couverte, il avait gardé un profond souvenir.

Il eut avec M. Bérenger une longue conférence en présence du vénérable Dupont (de l'Eure), alors ministre de la justice, sur les modifications à introduire dans nos lois pénales.

M. Bérenger fit observer qu'il serait imprudent de précipiter une mesure à laquelle les esprits ne semblaient pas préparés ; qu'on s'exposerait à la compromettre et à la voir ajournée si on procédait à son adoption autrement que par degrés et avant d'avoir remplacé ce terrible mode d'expiation par une peine moins cruelle et toutefois plus réellement efficace.

Puis, comme dans beaucoup de cas, le jury placé entre l'absolue nécessité de rendre un verdict rigoureux qui conduira l'accusé à la mort, ou de prononcer son acquittement, préfère souvent ce dernier parti; M. Bérenger proposait encore de profiter de cette disposition des esprits, pour associer en quelque sorte le pays à une abrogation graduelle de la peine, en concédant au jury la faculté de rechercher soit dans la vie antérieure de l'accusé, soit dans les circonstances de la cause, les motifs d'atténuation susceptibles d'adoucir en sa faveur la sévérité de la loi.

Telle est, Messieurs, l'origine des circonstances atténuantes; tel est le principe de la loi votée l'année suivante, le 28 avril 1832, sous l'empire de laquelle nous vivons encore aujourd'hui. Loi éminemment utile, qui règle et modifie l'application de nos lois criminelles par des tempéraments appropriés à l'état général des mœurs, et qui, en même temps réduit les chances d'impunité en diminuant les hésitations que l'humanité suggère au jury.

Cette loi ne réalisait pas tous les vœux exprimés par M. Bérenger dans son rapport au nom de la Chambre : la Révolution de 1848 continua l'œuvre commencée, un de ses actes les plus généreux fut d'abolir, en matière politique, une peine qui, loin d'être pour les passions un frein puissant, était une arme d'autant plus terrible qu'elle passait entre les mains de tous les partis, dont chacun frappait successivement celui qu'il avait renversé !

Depuis cette époque, les échafauds politiques n'ont plus été dressés;.... mais il en est d'autres, ils se dressent encore, malgré des protestations nombreuses, énergiques, réitérées. — Sans doute, nous nous sentons entraînés vers une théorie plus généreuse, vers le respect absolu de l'inviolabilité humaine, qui garantirait la justice d'irréparables erreurs. Mais l'état actuel de nos mœurs comporte-t-il l'application de ce principe ; la notion du juste et de l'injuste est-elle aujourd'hui assez affermie dans les âmes ? Les progrès de la moralité publique ont-ils si constamment suivi le progrès des lumières et celui du luxe ? Croit-on qu'un siècle ait si profondément changé les hommes et qu'après avoir bravé si longtemps la même peine précédée et aggravée de mille tortures, la race des grands criminels n'ait plus besoin de cet épouvantail humain pour être arrêtée dans sa voie ?

Enfin, le temps est-il venu où la société doit prendre elle-même, en face des passions, l'initiative du désarmement ? Questions toujours pendantes, toujours incertaines depuis que M. Bérenger les a soulevées et que vous me permettrez d'écarter : le temps et l'autorité me manqueraient pour les traiter ici devant vous.

A partir du moment où nous sommes arrivé, M. Bérenger occupa dans la Chambre une position considérable ; jurisconsulte plutôt qu'orateur politique, éloigné de toutes les intrigues, c'est à lui qu'on confiait les rapports des lois les plus importantes.

Soit qu'il prépare la loi sur la constitution des deux Chambres et élève la voix en faveur du suffrage de tous, — soit qu'il détermine les règles de la responsabilité ministérielle, — soit que dans la discussion des lois de septembre 1835 il demande des garanties pour les accusés contre l'arbitraire du pouvoir, ses paroles sont toujours empreintes d'un profond sentiment de justice et de liberté.

Cependant les dignités étaient venues le chercher : le ministère lui avait été offert, il le refusa, préférant l'indépendance de sa parole. En 1839, il fut appelé à la pairie ; plusieurs fois déjà il avait refusé cet honneur : il craignait que l'on n'interprétât cette promotion comme une récompense de l'accusation qu'il avait soutenue contre les ministres, tandis qu'il n'avait cédé qu'aux suggestions de sa conscience.

Un autre motif le déterminait encore à refuser la pairie : le gouvernement avait proposé un projet de loi tendant à abolir l'hérédité de la pairie, et la commission nommée pour l'examen de cette loi en avait confié le rapport à M. Bérenger. Bien que la majorité de la commission se fût prononcée en faveur de l'abolition, l'orateur fut autorisé par elle à soutenir et à défendre dans son rapport son opinion personnelle favorable à l'hérédité, seul moyen, disait-il, d'assurer l'indépendance de la pairie. Les députés ne donnèrent pas gain de cause au principe que défendait M. Bérenger : la Chambre des pairs étant une Chambre législative, n'eût-il pas été au moins imprudent de laisser ainsi au hasard le soin de donner à la France des législateurs ?

Si l'on avait vu M. Bérenger accepter la pairie, peu de temps après cet incident, la malveillance aurait pu attribuer à une ambition de famille la thèse qu'il avait soutenue à la Chambre des députés. — C'était du moins le scrupule qui l'arrêta longtemps, scrupule honorable qui ne céda que, lorsque à son insu, sa promotion eut paru au *Moniteur*.

Dès 1832, il avait été nommé conseiller à la Cour de cassation ; il apportait dans cette savante assemblée de rares lumières : résultat de ses profondes études sur nos lois civiles et surtout sur notre législation criminelle. Dans ces hautes discussions destinées à donner à nos Codes leur véritable interprétation et à assurer l'uniformité de notre jurisprudence, les intelligences les plus élevées trouvent un aliment et une carrière :

M. Bérenger, contemporain de la création de nos lois, avait suivi et commenté les travaux préparatoires ; il excellait à en saisir l'esprit et sa longue expérience le rendait éminemment propre à en faire l'application.

Partagé entre les travaux de l'audience et les discussions de la Chambre, M. Bérenger trouvait encore le loisir d'étudier et d'écrire. En 1843, il publia les œuvres de Barnave, son illustre compatriote, en les faisant précéder d'une notice biographique ; il accomplissait ainsi un pieux devoir envers celui qui avait été le collègue et l'ami de son père, en même temps qu'un des modèles de sa jeunesse et une des gloires de son pays.

En 1849, nommé président à la Cour de cassation, il fut désigné pour présider la haute Cour de justice à Bourges et à Versailles. Il savait par expérience combien il est difficile de faire accepter à l'opinion les décisions d'un tribunal politique, et qu'on n'obtient la sanction du pays que grâce à une constante impartialité et à une modération inaltérable dans la conduite des débats et dans le jugement : il termina noblement une tâche qui n'était pour lui ni sans difficultés, ni sans périls ; et alors, comme après le procès des ministres, il put se rendre le témoignage qu'il n'avait manqué ni au patriotisme, ni à l'humanité, ni à la justice !

Mais M. Bérenger s'écartait de plus en plus des affaires politiques. Il arrivait à cette période où tous les hommes qui se sont mêlés aux agitations de leur temps et qui en ont soutenu les luttes, éprouvent inévitablement le besoin de se réfugier dans le repos et le recueillement; même sans que les déceptions de la vie politique les aient découragés de l'action ; même avant que l'âge soit venu les avertir de céder la place à d'autres générations. Ils évoquent, sans y mêler ni chagrins, ni rancunes, les beaux souvenirs et les belles journées de leur existence. Mais un égoïsme sénile ne détourne pas non plus leur attention et leur cu riosité des entreprises dont ils ne verront pas le terme, ou des progrès dont ils n'espèrent pas jouir. Ils ne se désintéressent pas des choses du jour, ils suivent encore du fond de leur retraite, la marche des événements et la carrière des hommes : leurs jugements, dictés par une longue expérience, sont la leçon des nouveaux venus.

Combien leurs conseils sont-ils plus féconds quand ils peuvent les transmettre directement au représentant de leur nom et à l'héritier de leur talent! C'est ainsi que M. Bérenger a eu la suprême joie de se voir revivre dans son fils, sur ce siége qu'il avait occupé lui-même avec tant d'éclat !

M. Bérenger était devenu le doyen de la magistrature en France : ni les travaux, ni les soucis politiques n'avaient affaibli cette vigoureuse intelligence, lorsque le 31 mai 1860, l'âge de la retraite arriva pour lui. On vit alors un touchant spectacle : la chambre civile de la Cour de cassation qu'il présidait se rendit à son hôtel pour lui exprimer ses regrets : un procès-verbal de cette visite fut officiellement dressé et inscrit sur les registres de la Cour. L'ordre des avocats à la Cour de cassation voulut aussi joindre son témoignage à celui des magistrats, et le remercier des égards que dans ses fonctions de président il leur avait toujours montrés.

M. Bérenger se livra alors sans partage aux études qui furent encore une des plus chères préoccupations de sa noble et laborieuse vieillesse : je veux dire, la répression pénale et le système pénitentiaire.

C'est, en effet, une étude aussi curieuse qu'instructive que celle de l'homme qui, après avoir violé les lois de la société, se trouve en présence de l'expiation qu'il a encourue !

Doué d'une raison destinée à l'éclairer et à le guider, d'une conscience qui devait l'avertir de la moralité de ses actions, d'une volonté qui devait être employée à assurer le ferme accomplissement de ses

devoirs, comment, sous l'influence de quelles tenta-
tions, le criminel s'engage-t-il peu à peu dans la voie
du mal ?

Par quels moyens la société peut-elle amener insen-
siblement le condamné à remonter cette échelle de
dégradation si vite descendue et réveiller en lui les
bons instincts qui ne sont peut-être qu'assoupis ?

Et la peine subie, la société n'aura-t-elle aucun
devoir à remplir envers lui ?

Tels étaient les nombreux et difficiles problèmes
dont M. Bérenger avait voulu préparer la solution.

En 1832, lors du rétablissement à l'Institut de la
classe des sciences morales et politiques, il avait été
appelé à en faire partie ; on y remarqua ses travaux et
le Mémoire qu'il publia en 1836 sur le système pénitentiaire avait excité l'attention générale longtemps
distraite de ces questions par les événements politiques ; de là le mouvement de réforme qui finit par
pénétrer dans les conseils du gouvernement.

En 1851 et 1852, il avait été chargé par l'Académie
de visiter les établissements pénitentiaires en France
et en Angleterre ; il rassembla les observations qu'il
avait recueillies pendant ce voyage, il y joignit l'exposé
des moyens qu'il croyait propres à produire la régéné-
ration des coupables : ce sont ces observations et ces

marquable intitulé : *De la répression pénale, de ses formes et de ses effets.*

Il avait tâché de mettre en pratique ces généreuses théories : il était, depuis 1832, date de sa création, le président actif et dévoué de la Société de patronage des jeunes détenus et des jeunes libérés de la Seine. Son but était de rappeler à l'amour du bien ceux que la faiblesse ou l'entraînement de la première jeunesse conduisent à de criminelles actions, et de leur préparer, pour l'époque où ils recouvrent leur liberté, les moyens de rester honnêtes.

Un dernier honneur vint le chercher au milieu de sa retraite : on constituait, sous la présidence de l'Impératrice, une commission destinée à réorganiser la prison de la Roquette, à Paris : c'était le prélude d'une grande réforme dans le régime intérieur des maisons de correction. M. Bérenger, appelé à y concourir, se préparait à y apporter le tribut de ses lumières quand la mort le surprit au milieu de ses travaux.

Ainsi se termina cette vie si noblement, si laborieusement remplie, si constamment gouvernée par l'idée du bien et la passion de la justice.

Un jour, dans une lettre intime, il avait jeté ces belles paroles, ne prévoyant pas qu'une main étrangère dût les recueillir plus tard :

« Je ne réglerai jamais ma conduite sur ce que le

» public en pensera, je suivrai les lumières de ma
» raison et les mouvements de ma conscience, et
» cela fait, je conserverai la paix de l'âme. Sans
» doute, je m'affligerais du blâme de mes concitoyens,
» mais il y a quelque chose au-dessus de leur estime,
» c'est celle de moi-même ; or, je ne la conserverais
» pas, si je cédais à l'exigence des passions. »

N'entendez-vous pas, Messieurs, la voix d'un sage, et ne sentez-vous pas doubler votre admiration pour celui qui parlait ainsi, en songeant que toute sa carrière ne fut qu'une vivante application de ces maximes. C'est là ce qu'aurait montré cette étude trop rapide, si le panégyriste n'avait été si indigne de son sujet.

Grenoble, le 17 décembre 1866.